THÈSE

POUR

LA LICENCE.

UNIVERSITÉ DE FRANCE. — ACADÉMIE DE RENNES.

FACULTÉ DE DROIT.

THÈSE POUR LA LICENCE.

JUS ROMANUM.......................... De Hereditate vel Actione vendita.

DROIT FRANÇAIS... { CODE NAPOLÉON..... Du Transport des Créances et autres choses incorporelles.
DROIT ADMINISTRATIF. De la Perception des Droits d'Enregistrement.

Cette thèse sera soutenue le samedi **7** août **1858**, à deux heures de l'après-midi,

Par M. BRÉART DE BOISANGER (Thomas-Marie),

SURNUMÉRAIRE DE L'ENREGISTREMENT ET DES DOMAINES,

Né à Quimperlé (Finistère), le **16** octobre **1837**.

Examinateurs,

MM. RICHELOT, doyen; GOUGEON, BODIN et BLONDEL, professeurs.

RENNES,

IMPRIMERIE DE CHARLES CATEL ET Cie,

rue du Champ-Jacquet, 25.

1858

A la mémoire de mon Père.

Tui non immemor unquam.

A MA MÈRE, A MON BEAU-PÈRE.

A mes Frères.

A MES TANTES DE MAUDUIT.

A M. CEILLIER,

DIRECTEUR DE L'ENREGISTREMENT ET DES DOMAINES.

Nihil est quod malim, quam me
et gratum esse et videri.
(Cicero, pro Plancio, n° 80.)

©

JUS ROMANUM.

De Hereditate vel Actione vendita.

(Digeste, liv. 18, tit. 4. — Code, liv. 4, tit. 39. — Gaius, Com. 2, § 34-39.)

Prœmium.

Quid est hereditas? quid est actio?

Hereditas est successio in universum jus quod defunctus habuit; actio, jus persequendi judicio quod sibi debetur : quæ in rem dicitur, vel in personam.

Primum, de natura hereditatis venditione, de obligationibus quæ seu venditori seu emptori incumbunt, dein de actione vendita, dicendum est.

SECTIO PRIMA.

DE HEREDITATE VENDITA.

I. — *De natura hereditatis venditæ.*

Ut in omnibus emptionibus, tria sunt necessaria in hereditate vendita : res, pretium, consensus. Res est hereditas; non ipsum jus hereditarium, cum personæ adhæreat, sed commoda cum oneribus hereditatis; etenim, semel heres, semper heres; hinc, si venditor, creditoribus hereditariis, et legatariis seu fideicommissariis, conventus erit, respondere debebit, etiamsi fuerit actum inter ipsum et emptorem ut hic, debita solvendo, illis satisfaceret. Quum tamen hereditas nomine fisci vendita est, fiscum creditoribus hereditariis non respondere, certum et absolutum est. Venditor, rebus hereditariis nondum traditis, dominus earum superest, et ideo, nova venditione, dominium in alio transferre potest : sed quoniam contractus fidem fregit, ex empto actione conventus, praestare cogetur.

Quod venierit, in rerum natura debet esse; igitur, si hereditas venierit ejus qui vivit, aut nullus sit, nihil actum est : nisi ipse forte, de cujus hereditate pactum est, voluntatem suam emptori et venditori accommodaverit, et in ea usque ad extremum vitae suae spatium perseveraverit.

Pretium in numerata pecunia consistere debet.

Consensus vitiari potest, ut si quis affirmavit minimam esse hereditatem, quam ita ab herede emit : in hoc casu, non est tamen de dolo actio, cum ex vendito sufficiat.

Supra diximus, cum hereditatem aliquis vendidit, esse debet hereditas; aliquando tamen et sine re venditio intelligitur quum, verbi gratia, in venditione hereditatis id actum est, *si quid juris esse venditoris, venire, nec postea quidquam praestitum iri;* emptio enim contrahitur, etiamsi hereditas ad venditorem non pertinuerit, quia spei emptio est.

II. — *Quid venditor emptori praestare debeat.* ·

In hereditate vendita, hoc servandum, quod actum est; si autem quaeritur quid venierit : plerumque, quod ex hereditate pervenit, in id tempus quo venditio fit, hoc videatur venisse. Praestat venditor quae ad se pervenisse dicuntur, sive corpora rerum hereditariarum nactus sit, sive actiones duntaxat mandare possit. Si, interposita stipulatione, heres rem quamdam hereditariam alii vendiderit, et dein, fortuito casu, haec res perierit, quaeritur an emptor hereditatis possit pretium consequi? Nihil enim deberet cujusdam servi promissor, si cum vendidisset, mortuo eo, si nulla mora processisset; emptor autem hereditatis pretium merito consequetur, quia venditor emptori praestare debet, quidquid tanquam heres nactus est. Quid, si ante stipulationem, heres vendiderit quasdam res hereditarias? Non dubium est pretium praestandum emptori : similiter, de rebus ante stipulationem donatis. Quae autem perierunt, illarum pretium heres non praestare debebit, quia de dolo suo duntaxat tenetur.

Si heres, hereditate nondum vendita, cujusdam debitoris hereditarii adierit hereditatem, debitum emptori praestare deberet, quia aditio hereditatis pro solutione cedit, quum etiam debitor solvendo impar mortuus esset, quia non potest videri hereditas solvendo non esse, quæ invenit heredem.

Si heres quamdam rem non debitam exegerit, eam non præstare cogitur emptori quia non ex hereditate pervenit.

Vendita testatoris hereditate, impuberis patrimonium venditor ex pupillari substitutione sibi quæsitum retinere potest, quia certe unum duarum causarum, id est, duarum hereditatum, testamentum est.

III. — *Quid emptor hereditatis venditori præstare debeat.*

Emptor hereditatis pretium solvere tenetur. Restituere debet venditori quidquid creditoribus hereditariis, seu legatariis hic præstiterit. Si, funere facto, heres vendidisset hereditatem, impensam funeris præstare deberet emptori, quia et ea impensa hereditaria est. Si qui vendidit hereditatem, sive ante, sive post stipulationem, heres cujusdam creditoris hereditarii factus est, recte ageret ut hoc debitum sibi ab emptore præstaretur, quia non interest cui debeatur pecunia. Si autem heres ejus creditor est cujus vendidit hereditatem, emptor ei debitum præstare debet. Si quædam hereditatis prædia prædiis venditoris servirent, servitus in pristinum statum restitueretur.

Heres non potest ab imptore consequi quod non debitum præstiterit, nisi condemnatus sine dolo malo suo fuerit.

IV. — *Appendix.* — *De hereditatis cessione in jure.*

Hereditas in jure cessionem recipit. Si is ad quem ab intestato legitimo jure pertinet hereditas, in jure eam ante aditionem cedat, perinde heres fit cui cessa est, ac si ipse heres legitimus esset. Aditione autem facta, ille cui ceditur dominus corporum hereditariorum cessione fit, non ita nominum, cedensque creditoribus hereditariis respondere debebit. Si extraneus heres testamento institutus est, illi adeundum est antequam cessio fiat : si post aditionem cessio, sicut de herede ab intestato dicendum.

De herede necessario non item apud omnes; dum Sabiniani hereditatis cessionem fieri posse negarent, aut si fieret, nullam; Proculiani heredem necessarium veluti extraneum qui adiit habentes, eodem modo illi cessionem, aditione facta, licere contendebant.

SECTIO SECUNDA.

DE ACTIONE VENDITA.

I. — *Quibus modis nomina cedi possint.*

Ut omnia quæ in nostro patrimonio jura sunt, nomen ita cessionem ad-mittit. Quod quidem duplici modo solum fieri potest : nempe novatione et mandato. Novatio nomen non transfert, sed priore extincto, alterum efficit. Mandato, cui ceditur jus competit agendi nomine cedentis. Mandatum vero multo post novationem licuit, quum apud veteres nemo alieno jure agere posset.

Duobus quidem præstabat novationis mandatum; consensus enim in no-vatione debitoris necessarius, aliter in mandato; dein, accessoria quibus no-men firmabatur, novatione nominis, non autem mandato irritabantur.

Rursus autem mandato multo præstabat novatio. Hic distinguendum est utrum interfuisset litis contestatio necne.

1° Si non fuisset litis contestatio, venditor, uti libebat, mandatum revo-care poterat. Insuper morte mandatoris aut procuratoris extinguebatur man-datum. Debitor solvere cedenti poterat. Denique, si dolo malo, nova stipu-latione, venditor idem nomen in alium transferret; posterior tempore, prior jure. Quæ quidem non aderant in novatione.

Non diu autem ita præstitit novatio ; mox enim cedens mandatum revo-care non potuit, constitutionibusque decretum est ut, si emptor debitori emptionem denuntiâsset, non valide debitor cedenti nomen solveret.

2° Si autem litis contestatio, quæ supra diximus, non emptori timenda.

II. — *Quæ nomina cedi possint.*

Omnia nomina, civilia seu naturalia, sub conditione vel in diem, ces-sionem admittunt. Si quis, ita stipulatus : *Stichum, aut decem, utrum ego velim,* vendiderit quod ei debebatur, emptor electionem habebit.

Quædam autem jura non cessionem admittunt : 1° si cujuscumque modi actiones ad potentiores fuerint delatæ personas, debiti creditores jactura multentur; 2° si curator cessiones in semetipso quolibet egerit modo, sive dum curator, sive postea, dum, curatela adhuc exstante, nomen adfuerit, nihil agitur, nisi minor liberatur; 3° lite pendente, actiones, quæ in judicium deductæ sunt, minime transferri ab eodem actore licet, sed lis nihilominus peragenda, tanquam si nihil factum sit; 4° omnia jura quæ in nostro patrimonio cedi non possunt; 5° nec etiam populares actiones

III. — *Quid ex nominis cessione accidit.*

Cedens nihil aliud nisi veritatem nominis præstare debet, et quidem sine exceptione quoque, nisi in contrarium actum sit; non enim videtur cepisse qui per exceptionem a petitione removetur. Si autem nomen bonum promittit, nihilominus, si periclitant pignora, ad emptorem pertinet.

Qui nomen donavit, de dolo suo duntaxat tenetur.

Beneficia venditoris emptori prosunt, nisi quæ ipsius cedentis personæ adherent.

Ad distrahendam actionem non opus est debitoris consensu; sed contra, invito eo, venditio recte fit, quia actio quæ alienatur debitoris non est, sed creditoris qui eam vendit jure proprio cujus ipse est moderator.

Anastasii et Justiniani Constitutionibus inductum fuit ut eodem oblato pretio quod præbuerit cessionarius, liberetur debitor.

DROIT FRANÇAIS.

CODE NAPOLÉON.

Du Transport des Créances et autres choses incorporelles.

(Art. 1689-1702.)

CHAPITRE PREMIER.

De la Cession des Créances non litigieuses.

I. — *Préliminaires.*

Les jurisconsultes romains, si rigoureux dans l'application des principes, avaient été conduits à reconnaître que la cession du droit personnel n'était pas directement possible. En effet, si Primus a consenti à devenir le débiteur de Secundus, il n'a pas consenti à lier sa liberté vis-à-vis de Tertius; et que cette condition soit modifiée, que Primus devienne malgré lui obligé envers Tertius, c'est là un fait bien grave qui porte atteinte à la liberté humaine.

Ce qui était vrai à l'époque des jurisconsultes romains doit l'être encore de nos jours, car si les hommes changent, les principes sont immuables, et nous admettons avec Pothier que la créance n'est pas directement transmissible d'une personne à une autre, et que le cessionnaire n'est autre chose qu'un *procurator in rem suam* au profit duquel le mandat existe sans qu'il soit exprimé.

Avant d'entrer dans l'examen des règles particulières qui régissent la cession de créance, il n'est pas inutile de dire quelques mots de deux opérations qui présentent une grande analogie avec celle qui fait l'objet de notre étude, et que, pour cette raison, l'on confond assez souvent avec elle : nous voulons parler de la subrogation et de la délégation. Ces trois opérations ont ce rapport commun de tendre à faire passer d'un créancier à un autre le bénéfice d'une créance, mais elles n'atteignent le même but ni par les mêmes moyens, ni par les mêmes motifs; il importe de s'attacher à bien connaître les intentions des parties.

Le but principal de la cession est de transporter une créance sur la tête d'une autre personne; la subrogation, au contraire, n'est que l'accessoire d'un paiement, elle se rattache toujours à une résolution de contrat. Dans le système de ceux qui considèrent la subrogation comme un paiement à l'égard de tous, les deux opérations ne peuvent se confondre, car dans la cession c'est la même créance qui passe du cédant au cessionnaire. Ceux qui disent que la subrogation est une cession fictive sont obligés de convenir que c'est une opération à double face : celui qui subroge ne peut être regardé comme un cédant, car son but est de recevoir un paiement et non d'effectuer une vente; c'est même pour cette raison que le subrogé ne pourra réclamer du débiteur que la somme qu'il a payée au subrogeant, tandis que le cessionnaire aura le droit de poursuivre le recouvrement de la créance entière. Au reste, la cession est toujours l'œuvre du créancier, la subrogation peut, en outre, être légale (1251), ou émaner de la volonté du débiteur (1250, § 2).

Les différences ne sont pas moins sensibles entre la délégation et la cession. Si la délégation est parfaite, il y a novation; la cession, au contraire, ne contient pas novation. Si la délégation est imparfaite, il n'y a plus qu'une sorte d'indication de paiement. L'art. 1690 n'est pas applicable à la subrogation et à la délégation.

Pendant longtemps, à l'exemple des jurisconsultes romains, on n'admit qu'un seul mode de cession; ce ne fut que vers le commencement du xviiᵉ siècle qu'une nouvelle manière s'introduisit : l'endossement vint faciliter le commerce des créances, et l'édit de 1673 sanctionna ce nouveau droit que l'usage avait introduit. Plus tard, la simple tradition devint un mode de cession.

Nous parlerons d'abord de la cession telle qu'elle est établie dans le Code Napoléon, puis nous dirons quelques mots des autres modes, et en particulier de l'endossement.

II. — *De la cession de droit commun.*

La cession de créance, outre les lois communes qui la régissent lorsqu'elle est, soit une vente, soit une donation, soit un échange, etc., a de plus des règles qui lui sont propres et qui doivent faire l'objet de notre examen.

Entre les parties, la cession est parfaite dès qu'il y a accord sur la chose et sur le prix, et la délivrance s'opère par la remise du titre; mais il n'en est plus ainsi en ce qui concerne les tiers; le cessionnaire n'est saisi à l'égard de ces derniers que par la signification du transport faite au débiteur, ou par une acceptation authentique de la part de ce dernier (1690).

Le mot *tiers*, dans l'art. 1690, est pris dans son acception la plus large; il désigne : 1° le débiteur cédé; 2° un deuxième cessionnaire; 3° le créancier gagiste; 4° les créanciers du cédant.

1° Tant que le transport n'a pas été notifié, le cédant peut poursuivre le débiteur sans que celui-ci puisse lui opposer la cession, et le cédé sera libéré en payant le cédant (1691-1295).

2° Si un deuxième cessionnaire a acquis la créance et qu'il fasse la notification avant le premier, il sera devenu propriétaire *erga omnes*. L'article 1141 ne doit pas être appliqué ici.

3° Jusqu'à la signification, les créanciers du cédant pourront mettre une saisie-arrêt entre les mains du débiteur. La signification qu'aura faite le cessionnaire empêchera les créanciers saisissants postérieurs de concourir à son préjudice sur les biens du cédé : mais comment se fera la distribution entre un créancier saisissant antérieur à la signification, et un créancier saisissant postérieur? Il faudra établir exclusivement le concours entre le premier saisissant et le cessionnaire, puis attribuer au deuxième saisissant, sur le dividende obtenu par le premier, la portion que celui-ci n'aurait point eue si le second avait fait sa saisie-arrêt avant la signification du transport.

Si la signification et la saisie-arrêt ont eu lieu le même jour, sans indication de l'heure, le saisissant et le cessionnaire viendront par contribution.

4° Si le débiteur cédé vient à tomber en faillite avant la signification, le cessionnaire qui aura payé le prix du transport aura seulement le droit de concourir à la distribution des deniers en qualité de créancier chirographaire, attendu que la faillite vaut saisie à l'égard de tous les créanciers.

Le cédé, avons-nous dit, peut faire une acceptation authentique; ce sera même le moyen qui offrira le plus d'avantages au cessionnaire. En effet, par cette acceptation, le débiteur reconnaît comme valable la créance cédée, et il ne peut plus invoquer la compensation ou autres moyens qu'il aurait pu opposer au cédant.

Si le cédé a signé un acte sous seing privé dans lequel il fait acceptation, il sera lié à l'égard du cessionnaire (voir les questions à la fin de la thèse); il sera également obligé par une acceptation verbale, sauf les règles sur la preuve.

La créance est transportée avec tous ses accessoires, priviléges, hypothèques, à l'exception de ceux qui sont inhérents à la personne du cédant; les intérêts qui pouvaient être dus au cédant au moment de la cession sont eux-mêmes acquis au cessionnaire en vertu de la règle *accessorium sequitur principale*.

Le cédé, après la signification ou l'acceptation, ne peut plus rien payer au cédant, mais peut-il opposer au cessionnaire les paiements faits précédemment à la signification et constatés par des quittances non enregistrées? (Voir les questions.) Les contre-lettres (1321) ne pourraient pas être opposées au cessionnaire.

Si l'on a cédé une créance de trois années de loyers ou de fermages non échus, l'art. 2, § 5 de la loi du 23 mars 1855 exige que l'acte soit transcrit pour qu'il soit opposable aux tiers, c'est-à-dire à ceux qui ont des droits réels sur l'immeuble, et qui les ont conservés en se conformant aux lois.

Si la créance cédée est garantie par un privilége ou une hypothèque, et que l'inscription du cédant ait été radiée, le cessionnaire doit se hâter de prendre inscription en son nom, et il pourra le faire quand bien même il aurait acquis la créance par un acte sous seing privé.

L'art. 9 de la loi que nous venons de citer a décidé que la cession de l'hypothèque légale de la femme devrait être faite par acte authentique, et que le cessionnaire ne serait saisi à l'égard des tiers que par l'inscription de cette hypothèque à son profit, ou par la mention de la cession en marge de l'inscription préexistante.

Le cédant est tenu à la garantie et de droit et de fait; la première existe indépendamment de toute convention, la seconde doit être stipulée.

Par garantie de droit, on entend que le vendeur doit répondre de l'existence de la créance au moment de la vente ; il ne répond pas de l'existence des accessoires. Cette garantie de droit peut être modifiée ou même effacée si le vendeur a cédé la créance en la présentant comme litigieuse ou comme simple espérance. Le vendeur reste toujours tenu de son fait (1628).

La garantie de fait peut recevoir plus ou moins d'étendue : lorsqu'on vend avec garantie, sans autres explications, la garantie ne s'entend que de la solvabilité actuelle du débiteur ; la clause de fournir ou faire valoir rend le cédant responsable de la solvabilité future jusqu'à l'époque du paiement ; le cédant peut même s'engager à payer après simple commandement fait au cédé.

Lorsque le cessionnaire, exerçant son recours, agira contre le cédant par l'action en garantie, il pourra exiger la restitution du prix, les intérêts du prix depuis le jour du contrat (1699), les frais faits sur la demande en garantie de l'acheteur, et ceux faits par le demandeur originaire. Le vendeur ne devra restituer que le prix qu'il a retiré de sa créance (1694).

La prescription en matière de garantie ne commence à courir que du jour où le garanti a pu agir ; c'est-à-dire, pour la garantie de droit, du jour où l'existence de la créance aura été constatée, ou du jour où le cessionnaire aura connu que le droit était contesté ; et pour celle de fait, du moment où la créance cédée aura été exigible. L'action se prescrit par trente ans.

II. — *Des cessions exceptionnelles, et en particulier de l'endossement.*

Comme nous l'avons dit, l'origine de la clause à ordre et de l'endossement est moderne ; le change est né des besoins du commerce ; les débiteurs cherchèrent naturellement à acquérir des créances payables dans les lieux où ils avaient eux-mêmes des paiements à faire ; ils évitaient ainsi des envois de fonds toujours accompagnés de frais et de risques.

L'écrit qui constate le contrat de change s'appelle *lettre de change*.

La lettre de change est négociable, et le porteur a le droit d'en requérir le paiement comme le preneur lui-même ; le preneur transmet cette obligation au moyen de ce qu'on appelle l'*endossement*.

L'endossement est régulier quand il réunit toutes les conditions exigées par l'art. 137 du C. Com. ; il est irrégulier dans le cas contraire. Quand l'endossement est régulier, le porteur de la lettre en est propriétaire ; il peut exercer toutes les obligations, toutes les actions qui en résultent, sans avoir à craindre les exceptions qui eussent pu être opposées à l'un des autres endosseurs, ou par le tireur au preneur. Cependant, bien que l'endossement soit régulier, il peut se faire que la volonté des parties n'ait pas été de transférer la propriété de la lettre au porteur, mais seulement de lui donner mandat à l'effet d'en poursuivre le recouvrement; quoi qu'il en soit, et jusqu'à preuve contraire, il sera réputé propriétaire de la lettre.

L'endossement est irrégulier quand il ne donne qu'un mandat ou qu'il ne réunit pas les conditions exigées par l'art. 137. Dans ce dernier cas, c'est-à-dire quand il ne réunit pas les conditions de l'art. 137, il est aussi réduit aux effets du mandat. Dans ces hypothèses, le porteur peut-il justifier qu'on a voulu lui transférer la propriété de la lettre? Du porteur au cédant, il est admis que le porteur pourra faire cette preuve par tous les moyens possibles. Mais le pourra-t-il, à l'égard des tiers, par une preuve en dehors de l'endossement? L'affirmative était autrefois enseignée par les commentateurs de l'ord. de 1673; aujourd'hui, la jurisprudence tend à admettre l'opinion contraire.

Pothier, et avec lui d'autres auteurs, disaient que le porteur d'un endossement irrégulier ne pouvait, même par un endossement régulier, transférer à un tiers la propriété de la lettre de change. C'était appliquer mal à propos les principes du mandat civil au mandat commercial; aussi cette opinion était-elle rejetée, même du temps de Pothier.

On appelle *endossement en blanc* la simple signature d'un endosseur sur le dos de la lettre. Faire ainsi, c'est donner au porteur tous les droits qu'il voudra prendre. Malgré l'ord. de 1673, il avait passé en coutume que l'endossement en blanc transférait la propriété. Le Code a rejeté cette coutume (137-138); mais le porteur d'un endossement en blanc peut remplir cet endossement et devenir ainsi propriétaire de la lettre de change s'il le fait régulier.

L'endossement ne doit être ni signifié, ni accepté authentiquement.

Tous ceux qui ont signé, accepté ou endossé une lettre de change, sont tenus à la garantie solidaire envers le porteur.

Outre la lettre de change, il y a d'autres créances qui peuvent être cédées par la voie de l'endossement, comme, par exemple, le billet à ordre, le billet à domicile. Enfin, il y a des créances qui, comme les billets de la Banque de France, sont payables au porteur. Dans ces dernières, la propriété est bien transféré au cessionnaire par l'effet du contrat; mais jusqu'à la tradition son droit sera bien peu stable.

CHAPITRE II.

De la cession d'hérédité.

La cession d'une hérédité se présente sous trois aspects différents :

1° Le cédant peut vendre une hérédité à laquelle il se déclare appelé. Dans cette hypothèse, il n'est tenu de garantir que sa qualité d'héritier.

2° Si le cédant déclare en outre que cette hérédité se compose de tels ou tels objets, il sera tenu à la garantie de ces objets.

3° Enfin, il peut céder ses prétentions à telle hérédité. S'il est de bonne foi, la vente sera valable, peu importe que plus tard ces prétentions soient jugées bonnes ou mauvaises.

Le cédant, en vendant une hérédité, ne vend pas sa qualité d'héritier. La règle de Droit Romain, *semel heres semper heres,* trouve son application dans notre législation ; ce qu'il cède, c'est la masse des biens grevés de la masse des dettes, *emolumentum et onus.* Entre les parties, la convention aura son plein effet ; le cessionnaire prendra la place de l'héritier, et les choses se passeront comme si l'hérédité s'était réellement ouverte en sa personne. Il suit de là que le cédant devra rendre au cessionnaire tous les fruits des choses héréditaires qu'il aura perçus, le montant des créances qu'il aura touchées, la valeur des choses qu'il aura consommées ou dont il aura disposé à titre gratuit. L'acquéreur profitera même des améliorations faites par le vendeur, et des droits par lui acquis dans l'intérêt de la succession. Mais l'acquéreur n'aura aucun recours à exercer contre le vendeur à raison des détériorations occasionnées avant la cession par la faute de ce dernier, lorsqu'il n'en aura tiré aucun profit personnel.

En ce qui concerne les tiers, la transmission de la propriété de l'universalité appelée hérédité, aura lieu immédiatement ; mais les créances qui s'y trouveront comprises ne pourront être transmises à leur égard qu'après l'accomplissement des formalités de l'art. 1690.

Une question qui a été l'objet de bien des controverses est celle de savoir auquel, du vendeur ou de l'acquéreur, profitera le droit d'accroissement ? Pour nous, il nous semble qu'en droit la question doit être résolue en faveur du cessionnaire.

Nous avons dit que le cédant restait toujours héritier ; comme conséquence, il demeure, malgré le transport, tenu personnellement des obligations que la loi lui impose, sauf son recours contre l'acquéreur. Ainsi, il devra répondre aux créanciers héréditaires. Ceux-ci pourront toutefois agir contre le cessionnaire, conformément à l'art. 1166:

L'héritier qui cède son droit accepte tacitement la succession (780); le cessionnaire ne pourra donc ni la répudier ni l'accepter sous bénéfice d'inventaire.

La cession d'hérédité peut, dans certains cas, être résolue contre le cessionnaire par l'exercice du retrait successoral (841). Avant 1789, il existait un grand nombre de retraits; l'Assemblée Nationale les abolit tous. Le Code en fit revivre trois : 1° le retrait lignageux; 2° celui de demi-denier (1408); 3° celui de droits litigieux.

Le retrait lignageux, tel qu'il est établi dans l'art 841, n'est pas une préférence; c'est un droit d'exclusion accordé aux intéressés pour empêcher que des spéculateurs ne viennent s'immiscer dans les secrets d'une famille. Ce retrait ne s'applique qu'aux cessions faites à titre onéreux; encore ne peut-il être exercé qu'autant que la cession a pour objet l'intégralité ou une quote-part d'une portion héréditaire. Il est ouvert contre une cession faite par un enfant naturel, ou par un légataire à titre universel; de même, il leur appartient.

CHAPITRE III.

De la cession des droits litigieux.

La loi, déjà peu favorable aux acheteurs de créances, devait voir d'un bien plus mauvais œil encore ces *redemptores litium* qui demandent la fortune aux ruses de la chicane. Elle s'occupe dans les art. 1597 et 1699 de ces cessions de droits litigieux, mais sous des rapports différents.

L'art. 1699 autorise toute personne, contre laquelle un droit litigieux a été cédé à titre onéreux, à exercer le retrait de ce droit en désintéressant le cessionnaire, c'est-à-dire en lui remboursant le prix réel de la cession, les frais et loyaux coûts du contrat, et les intérêts du prix, du jour où il a été payé. Mais remarquons que cet article ne s'applique qu'aux cessions à titre onéreux et non aux donations : ainsi, si une veuve avait fait don de ses reprises matrimoniales que les héritiers du mari contestaient, le retrait ne saurait avoir lieu.

Quand un droit est-il litigieux? L'art. 1700 répond qu'un droit est litigieux lorsqu'il y a procès et contestation sur le fond du droit. Un essai de conciliation, une instance en possessoire ne rendraient pas le droit litigieux dans le sens de la loi ; il faut que le défendeur ait opposé des moyens de fond, c'est-à-dire des moyens tendant à faire rejeter absolument et pour toujours l'action elle-même.

Que décider si l'on a cédé par un même acte et pour un seul et même prix : 1° un droit litigieux, 2° un objet certain ? Dans ce cas, il est probable que l'art. 1699 ne serait pas applicable, à moins que par des interrogatoires on ne parvînt à établir le prix du droit litigieux et celui de l'objet certain.

L'art. 1699 admet trois exceptions : elles sont désignées dans l'art. 1701. Le motif de cette triple exception est que, dans ces différents cas, ce n'est plus la spéculation qui a déterminé la cession. Dans le n° 3 de l'article précité, la loi a eu en vue la cession d'une servitude que l'on prétend avoir sur l'héritage d'un tiers.

L'art. 1597 défend aux personnes qu'il énumère de se rendre cessionnaires des droits litigieux qui sont de la compétence du tribunal dans le ressort duquel ils exercent leurs fonctions. Un droit est litigieux, dans le sens de cet article, par cela seul qu'il forme actuellement l'objet d'une contestation quelconque, ou qu'il existe des circonstances de nature à faire présumer qu'il donnera lieu à un procès.

Toute cession passée au mépris de cette prohibition est nulle, et même cette nullité est d'ordre public, car la loi n'a pas eu seulement en vue l'intérêt des plaideurs, elle s'est encore préoccupée de la dignité de la justice. De là nous concluons que la nullité peut être invoquée par toute personne intéressée, même par le fonctionnaire cessionnaire. Le cédé ne peut pas, croyons-nous, renonçant au bénéfice de l'art. 1597, tenir la cession pour bonne, et, s'appuyant sur l'art. 1699, écarter le cessionnaire en lui remboursant le prix de la cession.

Le cessionnaire de l'art. 1597 pourrait-il invoquer les trois exceptions de l'art. 1701 ? La question est controversée ; la négative nous semble préférable.

DROIT ADMINISTRATIF.

De la Perception des Droits d'Enregistrement.

La loi sur l'enregistrement est la plus noble, la seule noble entre toutes nos lois fiscales.

(Troplong, *Rev. de Jurispr.*)

I. — DE L'ADMINISTRATION DE L'ENREGISTREMENT ET DE SON HISTOIRE.

L'enrégistrement est à la fois une institution financière et civile. La formalité de l'enregistrement a, en effet, deux objets : 1° un service public dans l'intérêt des contractants, des tiers, des parties plaidantes et de la société en général; 2° la constitution d'un impôt dans l'intérêt de l'État.

L'origine historique des droits de mutation est dans la féodalité; on en trouve la trace aux x⁰ et xi⁰ siècles; les historiens du Languedoc et Galland (du Franc-Alleu) citent des monuments de l'an 956 et de l'an 1079, qui prouvent que déjà les seigneurs percevaient des droits sur les transmissions de propriété. Les lods et ventes, les droits de quint, de rachat, de relief, alimentaient le fisc des seigneurs : l'usage, favorisé par les jurisconsultes coutumiers, qui souvent luttaient contre la féodalité, affranchit cependant des droits seigneuriaux les transmissions en ligne directe.

La royauté, aux xvi⁰, xvii⁰ et xviii⁰ siècles, établit à son profit des droits plus étendus, mais dont quelques-uns étaient fondés sur l'intérêt public. Elle créa les droits d'insinuation pour la publicité des donations et des substitutions (Ord. 1539, art. 132; 1566, art. 58), les droits de contrôle, d'abord sur les actes notariés et sur les exploits (ord. 1581 et mars 1693),

3

puis sur les actes sous seing privé (oct. 1705). Enfin, Louis XIV (édit. de déc. 1703; 19 juil. 1704; août 1706; 20 mars 1708) comprit dans l'impôt tous les objets frappés des droits seigneuriaux; et c'est ainsi que l'action des seigneurs féodaux et l'action du trésor royal concouraient à lever des impôts sur les conventions et sur les transmissions de propriété.

Un autre abus vint se joindre à ceux qui naissaient de l'impôt lui-même : les droits de contrôle et de centième dernier furent compris dans la ferme générale. Malesherbes, en 1775, exposa au roi les remontrances de la Cour des Aides. Un arrêt du conseil du 9 janvier 1780 prit en considération ces remontrances, et confia à une régie intéressée dans les produits, qui prit le nom d'administration générale du Domaine et des droits domaniaux, la perception des droits d'insinuation, de contrôle et de centième denier. La réforme ne produisit pas tout l'effet qu'on en attendait, et quelques années plus tard, en 1787, les États du Languedoc renouvelèrent les remontrances de la Cour des Aides.

L'Assemblée Constituante abolit l'ancien système d'impôts, et par un décret du 5 décembre 1790 constitua l'enregistrement. La formalité avait pour but principal de constater la date des actes notariés, des exploits et des procès-verbaux, et d'en assurer l'existence. On essaya, mais en vain, de corriger ce que ce décret comprenait de défectueux.

Enfin parut la loi du 22 frim. an VII, véritable loi organique de l'enregistrement, que tout employé doit connaître dans ses moindres détails, et à laquelle bien peu de changements ont été apportés. Le principe des anciens jurisconsultes, en vertu duquel les mutations secrètes étaient frappées d'une peine, et que le décret de 1790 avait méconnu, fut rétabli par la loi du 27 ventôse an IX. La loi du 28 avril 1816 éleva les droits qui ont encore subi, depuis ce moment, quelques légères modifications.

II. — PRINCIPES DE PERCEPTION.

La loi du 22 frim. an VII, qui, ainsi que nous l'avons dit, est la loi fondamentale en matière d'enregistrement, commence par classer les actes pour les assujettir à l'impôt. L'impôt est en effet le prix de la protection que la loi accorde aux individus; il ne peut donc être perçu sur certains actes qui ne mettent aucune valeur en mouvement, et qui par conséquent ne nécessitent aucune protection. Il ne faudrait cependant pas conclure de là, comme

M. Laferrière, que le droit fixe n'est qu'un salaire; car, s'il en était ainsi, il devrait être le même pour tous les actes, et c'est ce qui n'a pas lieu : il a donc aussi le caractère d'un impôt.

L'ordonnance de 1722 avait établi ce principe, méconnu par le décret de 1790, consacré à nouveau par la loi de frimaire an VII, de la division des droits en droits fixes et en droits proportionnels. Le droit proportionnel est établi sur les valeurs, il frappe les actes, les faits attributifs de droit ou de propriété; le droit fixe, au contraire, atteint les actes simplement déclaratifs.

L'impôt d'enregistrement, selon la remarque de Fonmaur, est la suite et l'accessoire de certains actes et de certaines mutations. Il faut donc que les actes et mutations pour lesquels on veut l'exiger soient désignés par la loi, et que la qualité du droit soit aussi déterminée. Le droit fixe est dû pour toute espèce d'actes, ainsi qu'il résulte de l'art. 68, § 1er, 51°, de la loi de frimaire an VII; au contraire, en ce qui concerne le droit proportionnel, le principe constant en cette matière est qu'aucun droit ne peut être perçu qu'en vertu d'une disposition expresse de la loi. (Cassation, arrêt du 28 avril 1816.)

Toutefois, l'employé ne doit pas prendre, pour soumettre au droit l'acte qui lui est présenté, la dénomination qu'il a plu aux parties de lui donner; il doit étudier la convention et considérer *non quod scriptum, sed quod gestum*. L'étude du droit civil, des caractères essentiels à chaque contrat, le fera seule arriver à ces connaissances, qui lui permettront d'appliquer à propos la loi fiscale.

Le droit étant assis sur la disposition et non sur l'acte, en tant que contrat, il sera dû autant de droits qu'il y aura de dispositions indépendantes et ne dérivant pas nécessairement les unes des autres (loi du 22 frimaire an VII, art. 11). Remarquez que dans le cas où il y aurait plusieurs dispositions ne donnant lieu qu'à un seul droit, ce droit devrait être perçu, non pas sur la clause qui donnerait ouverture à l'impôt le plus fort, mais sur la disposition principale.

L'art. 2 du Code Napoléon est-il applicable en matière d'enregistrement? L'ancienne règle, en matière de contrôle, était qu'un nouveau tarif devait être appliqué du jour de sa promulgation même aux faits antérieurs. L'art. 73 de la loi de frimaire rejeta cette idée de rétroactivité; la loi de ventôse an IX revint, par son art. 1er, à ce que les fermiers généraux avaient établi; la loi du 28 avril 1816 transigea avec les principes et n'appliqua l'art. 2 du Code Napoléon qu'aux mutations.

Toutes les lois récentes, à l'exception toutefois de celle du 16 juin 1824, qui dans ses art. 1 à 14 établit une rétroactivité favorable aux parties, posent le principe contraire.

Nous ne parlerons pas des mutations secrètes, des nullités des actes, des conditions; notre travail doit se borner à l'étude de la perception des droits d'enregistrement; et si nous avons dit quelques mots des principes de l'impôt, c'est afin de mieux faire connaître la base de cette administration qui, fonctionnant avec une régularité parfaite, est une des ressources les plus abondantes du trésor public.

III. — DE LA PERCEPTION DES DROITS D'ENREGISTREMENT.

§ I. *Quels sont les contribuables en matière d'enregistrement.*

L'impôt doit être payé avant l'accomplissement de la formalité; nul ne peut en atténuer ni en différer le paiement, sous prétexte de contestation sur la quotité, ni pour quelqu'autre motif que ce soit. (Loi du 22 frimaire an VII, art. 28.)

Les officiers ministériels sont les premiers contribuables de l'impôt; ainsi, les notaires, les huissiers, les greffiers, les secrétaires des préfectures et mairies doivent acquitter les droits des actes à enregistrer. Cependant, il faut faire à cet égard quelques distinctions.

Lorsque les notaires et les huissiers ont rédigé leurs actes, peu importe que les parties leur aient remis les fonds nécessaires ou qu'ils soient obligés d'en faire l'avance; ils doivent dans tous les cas soumettre leurs minutes à la formalité dans les délais, sous peine d'encourir personnellement le droit en sus. La position des greffiers et des secrétaires des administrations centrales et municipales, selon l'expression employée par l'art. 29 de la loi de frimaire, n'est pas analogue; ils n'ont qu'un rôle secondaire dans la confection des jugements et des actes administratifs, aussi sont-ils autorisés, quand la consignation des droits n'a pas eu lieu dans les vingt jours, à remettre, dans la décade qui suivra l'expiration du délai, entre les mains du receveur de l'enregistrement, des extraits par eux certifiés des actes et jugements dont les droits ne leur auront pas été consignés par les parties, afin qu'il y ait poursuite directe contre ces derniers. (Loi du 22 frimaire an VII, art. 37.)

Les officiers publics qui auront fait pour les parties l'avance des droits d'enregistrement pourront prendre exécutoire du juge de paix de leur canton pour leur remboursement.

Les particuliers sont contribuables envers l'administration et tenus d'acquitter eux-mêmes l'impôt : pour les sentences arbitrales, les actes sous seing privé, les successions. Si l'employé prétend que l'acte présenté par le notaire contient simulation de prix, il devra s'adresser aux parties pour le supplément de droits.

Les droits des actes civils et judiciaires emportant obligation, libération ou translation de propriété ou d'usufruit de meubles ou immeubles, seront supportés par les débiteurs et nouveaux possesseurs. Toutefois, si l'acte est présenté par le vendeur, il n'en devra pas moins payer les droits, sauf plus tard à se faire rembourser par l'acquéreur.

Le Trésor aura action sur les revenus des immeubles, en quelques mains qu'ils se trouvent, pour le paiement des droits dont il faudrait poursuivre le recouvrement.

§ II. *De la prescription en matière d'enregistrement.*

Il y a cinq espèces de prescription en matière d'enregistrement :

1° La prescription d'*un an* s'applique aux demandes d'expertise que peut faire l'administration, lorsque le prix énoncé dans un acte translatif de propriété ou d'usufruit de biens immeubles à titre onéreux paraît inférieur à leur valeur réelle. (Loi de frimaire an VII, art. 19.)

2° La prescription de *deux ans* a lieu pour droit non perçu sur une disposition particulière d'un acte, pour insuffisance de perception, pour fausse évaluation dans une déclaration, pour mutations secrètes d'immeubles signalées précédemment dans des actes soumis à l'enregistrement, pour les amendes de contravention. (Loi du 22 frimaire an VII, art. 61 ; loi du 16 juin 1824, art. 14.)

La Cour de Cassation (10 décembre 1806; 26 février 1812; instr. 1537) a appliqué cette prescription de *deux ans* à l'expertise dans les mutations à titre gratuit ou par décès.

Elle a lieu également contre les parties pour toute demande en restitution de droits indûment perçus.

3° La prescription de *cinq ans* court, pour les omissions de biens dans les déclarations faites après décès, du jour où la régie a pu connaître le décès par la voie légale, c'est-à-dire par l'inscription du décès sur les registres de l'état civil, ou par sa mention dans un acte enregistré. (Instr. 424, § 1; Cassation, 5 ventôse an IX; loi du 18 mai 1850, art. 11.)

4° La prescription de *dix ans* s'applique aux droits de successions non déclarées. (L. du 18 mai 1850, art. 11.)

Toutes ces prescriptions sont suspendues par des demandes signifiées et enregistrées avant l'expiration des délais; mais elles sont acquises irrévocablement si les poursuites commencées sont interrompues pendant un an. (Art. 61, l. du 22 frimaire an VII.)

5° La prescription de *trente ans* trouve aussi son application en matière d'enregistrement, lorsqu'aucun acte enregistré n'a pu mettre les préposés à même de découvrir la fraude. Si la mutation est établie par l'inscription au rôle des contributions foncières, les *trente ans* courent du jour de l'inscription. (Instr. 1446, § 7.)

Nous ne pouvons mieux terminer les quelques mots que nous venons de dire sur l'administration de l'enregistrement qu'en rappelant qu'elle était l'objet d'études approfondies de la part des plus grands jurisconsultes d'autrefois, et que c'est d'elle que Troplong a dit : « La loi sur l'enregistrement « est la plus noble, la seule noble entre toutes nos lois fiscales; les autres « n'imposent que la matière : la loi sur l'enregistrement s'enquiert moins « de la chose que du droit sur la chose; de là la nécessité pour l'enregis- « trement de s'élever jusqu'aux régions les plus abstraites du droit civil, « et de contracter avec lui une intime et honorable alliance. »

QUESTIONS.

Droit Romain.

1. — L'acheteur de l'hérédité profitait-il de l'accroissement?

2. — Lorsque la délégation était faite *dotis causa,* faut-il admettre la règle *delegatarius sequitur nomen delegati?*

3. — Gaius est en contradiction de principes avec lui-même dans les § 30 et 35 de son second Commentaire.

Droit Français.

1. — Si le cédé a signé un acte sous seing privé dans lequel il fait acceptation, sera-t-il lié à l'égard du cessionnaire?

2. — Le cédé peut-il opposer au cessionnaire les paiements faits précédemment à la notification et constatés par des quittances non enregistrées?

3. — L'art. 1699 est-il applicable aux ventes d'immeubles?

4. — Un acte sous seing privé enregistré remplacerait-il l'acte authentique de l'art. 1690?

Droit Administratif.

Le notaire n'est pas tenu de payer les suppléments de droit qui pourraient être réclamés à l'occasion d'un acte enregistré.

TH. B. DE BOISANGER.

Rennes, le 24 juillet 1858.

Vu pour l'impression,

Le doyen, H. RICHELOT.